Medir el tiempo

Días de la semana

Tracey Steffora

Heinemann Library
Chicago, Illinois

www.capstonepub.com
Visit our website to find out more information about Heinemann-Raintree books.

To order:
☎ Phone 800-747-4992
🖥 Visit www.capstonepub.com to browse our catalog and order online.

Edited by Tracey Steffora and Dan Nunn
Designed by Richard Parker
Picture research by Hannah Taylor
Originated by Capstone Global Library Ltd
Translation into Spanish by DoubleOPublishing Services

Library of Congress Cataloging-in-Publication Data
Steffora, Tracey.
 [Days of the week. Spanish]
 Días de la semana / Tracey Steffora.
   p. cm. -- (Medir el tiempo)
 ISBN 978-1-4329-5629-5 (hardcover) -- ISBN 978-1-4329-5636-3 (pbk.)
 1. Time--Juvenile literature. 2. Days--Juvenile literature.
 3. Week--Juvenile literature. 4. Time measurement--Juvenile literature. I. Title.
 QB209.5.S74518 2011
 529'.1--dc22
                    2011009520

Acknowledgments
We would like to thank the following for permission to reproduce photographs: Alamy Images pp. 4 (©Glowimages RM), 8 (©DCPhoto), 14 (©Radius Images), 15 (©Golden Pixels LLC), 18 (©Image Source), 19 (©Blue Jean Images), 20 (©Ana Maria Marques), 23 top (©DCPhoto); Getty Images p. 13 (Bounce); istockphoto pp. 5 (©Winston Davidian), 9 (©stockcom), 12 (©Rudyanto Wijaya), 23 bot (©stockcom); Photolibrary pp. 6 (Monkey Business Images Ltd), 7 (Monkey Business Images Ltd), 16 (Banana Stock), 17 (Tom Salyer).

Front cover photograph of calendar days reproduced with permission of Getty Images (Steve McAlister). Back cover photograph of a woman and her daughter shopping for apples reproduced with permission of Photolibrary (Monkey Business Images Ltd).

Every effort has been made to contact copyright holders of any material reproduced in this book. Any omissions will be rectified in subsequent printings if notice is given to the publisher.

Printed in the United States of America.
010518RP

Contenido

¿Qué es el tiempo? 4

Medir el tiempo 6

Días de la semana 12

Comentar el tiempo 22

Glosario ilustrado 23

Índice 24

¿Qué es el tiempo?

El tiempo es lo que dura algo.

Cosas pasan con el tiempo.
Medimos el tiempo de
diferentes maneras.

Medir el tiempo

hora

Medimos el tiempo en horas.
Una larga caminata puede tomar
una hora.

Ir al supermercado puede tomar
una hora.

Medimos el tiempo en días.

Hay 24 horas en un día.

Cada día tiene una mañana.

Cada día tiene una tarde.

Marzo						
Domingo	Lunes	Martes	Miércoles	Jueves	Viernes	Sábado
		1	2	3	4	5
6	7	8	9	10	11	12
13	14	15	16	17	18	19
20	21	22	23	24	25	26
27	28	29	30	31		

semana

Medimos el tiempo en semanas.

10

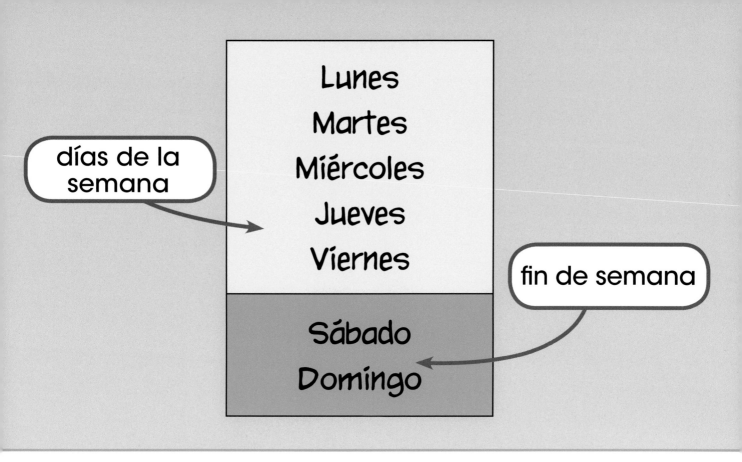

Hay siete días en una semana.

Días de la semana

Los días de la semana nos ayudan a planear.

Lunes   Martes   Miércoles   Jueves   Viernes

Lunes es el primer día de la semana.

Esta niña visita la biblioteca el lunes.

13

Lunes   **Martes**   Miércoles   Jueves   Viernes

Esta mujer va al mercado el martes.

Lunes   Martes   **Miércoles**   Jueves   Viernes

Estas niñas tienen una clase de baile el miércoles.

Lunes   Martes   Miércoles   **Jueves**   Viernes

Estos niños juegan fútbol el jueves.

Lunes   Martes   Miércoles   Jueves   **Viernes**

El viernes es el último día de la semana.

Llegó el fin de semana.

Esta familia visita una granja el sábado.

En esta familia comen juntos el domingo.
¡Pronto será hora para otra semana!

17	Wed
18	Thu
19	Fri
20	Sat
21	Sun
22	Mon
23	Tue

Un calendario muestra los días de la semana.

Domingo	Lunes	Martes	Miércoles	Jueves	Viernes	Sábado
?	?	?	?	?	?	?

¿Qué haces cada día de la semana?

Comentar el tiempo

Hoy es el día ahora mismo.

Ayer fue el día antes de hoy.

Mañana será el día después de hoy.

Glosario ilustrado

mañana la primera parte del día

tarde el final del día

Índice

domingo 11, 19

fin de semana
    11, 17

jueves 11, 16

lunes 11, 13

mañana 9

martes 11, 14

miércoles 11, 15

sábado 11, 18

tarde 9

viernes 11, 17

Nota a padres y maestros
Antes de leer
Identifiquen el día de la semana actual. Comenten el día que vino antes de hoy y el día que viene después de hoy. Es importante que los niños continúen a desarrollar un sentido de secuencia además de un vocabulario del orden del tiempo (p. ej., hoy, mañana, ayer, antes, después, primero, siguiente, último).

Después de leer
Pida que los niños comenten lo que hacen en diferentes días de la semana. Anote las respuestas en una línea cronológica o anímelos a crear sus propios libros acerca de los días de la semana.